BEI GRIN MACHT SICH IHR WISSEN BEZAHLT

Grundlagen der Persönlichkeitspsychologie. Konzepte von Gesundheit und Krankheit, Persönlichkeitsmerkmale, das Konzept der Selbstwirksamkeitserwartung und Stress

Bibliografische Information der Deutschen Nationalbibliothek:

Die Deutsche Nationalbibliothek verzeichnet diese Publikation in der Deutschen Nationalbibliografie; detaillierte bibliografische Daten sind im Internet über http://dnb.d-nb.de abrufbar.

ISBN: 9783346324870
Dieses Buch ist auch als E-Book erhältlich.

© GRIN Publishing GmbH
Nymphenburger Straße 86
80636 München

Druck und Bindung: Books on Demand GmbH, Norderstedt Germany
Gedruckt auf säurefreiem Papier aus verantwortungsvollen Quellen

Das Buch bei GRIN: https://www.grin.com/document/974673

Einsendeaufgabe

Alternative B

Eingesandt: 12.06.2019

SRH Fernhochschule Riedlingen

Modul: Persönlichkeitspsychologie

Studiengang: Wirtschaftspsychologie, Bachelor of Science

Inhaltsverzeichnis

Abkürzungsverzeichnis

MA   Mitarbeiter

SOC   sence of coherence,

Tabellenverzeichnis

1. Aufgabe B1

Die Konzepte Gesundheit und Krankheit gibt es schon seit Tausenden von Jahren in unserer Gesellschaft. Seit jeher versucht man sich mit diesen Begriffen auseinander zu setzen, ob nun philosophisch, wissenschaftlich oder im Alltag. Obwohl wir wie selbstverständlich mit unserer Familie über Gesundheit und Krankheit reden können, ist es kompliziert sich auf eine wissenschaftliche Definition zu einigen. Da wir schon im Gespräch mit unseren Großeltern oder Eltern merken, dass die Wahrnehmung über Krankheit oder Gesundheit subjektiv ist, denn jeder zieht unterschiedliche Indikatoren und Definitionen heran.[1] Deswegen spielt die Persönlichkeit hier eine große Rolle.

Vier mögliche Ansätze für den Zusammenhang zwischen Persönlichkeit und Gesundheit bzw. Krankheit wurden von Smith und Williams (1992) und Suls und Ritterhouse (1995) vorgeschlagen. Auf drei der vier Ansätze wird nun näher eingegangen:

Ein Ansatz fasst Persönlichkeitsmerkmale als biologisch basierte individuelle Unter-schiede auf, welche eine kausale Rolle in Bezug auf Krankheit und Gesundheit spielen. Deswegen kann man davon ausgehen, dass die Entwicklung psychischer Erkrankungen direkt von der Persönlichkeit einer Person beeinflusst wird.[2] Eine Studie in Belgien konnte einen Einfluss der Primärpersönlichkeit auf dem Krankheitsverlauf einer koronaren Herzerkrankung aufzeigen. Untersucht wurden 268 Männer und 35 Frauen im Rahmen eines Rehabilitationsprogramms nach einem koronaren Ereignis während eines Zeitraums zwischen sechs und zehn Jahren. Die Studie wurde mithilfe eines Persönlichkeitsfragebogens durchgeführt. Während der Studie starben 38 Patienten, 24 davon an kardialer Ursache. Die Sterberate war bei Patienten mit Typ D-Persönlichkeit signifikant höher als Patienten mit einer anderen Persönlichkeitsstruktur (27% Vs. 7%).[3]

Beim zweiten Ansatz spricht man nicht von einem kausalen Zusammenhang, sondern vom einem korrelativen. Das wäre der Fall, wenn eine Person eine genetische Anfälligkeit für die Entwicklung für koronare Herzkrankheiten aufweist, und dasselbe Gen auch zu einer Prädisposition dafür ist ein feindseliger Mensch zu sein. Hier besteht eine positive Korrelation, aber diese Beziehung ist nicht kausal.[4]

Ein weiterer Ansatz nimmt an, dass die Verhaltensweisen zwischen Gesundheit und Persönlichkeit jedoch auch moderieren können. Durch ihre Eigenschaften folglich zeigen die Personen bestimmte Verhaltensweisen; zum Beispiel: Rauchen, Alkohol trinken oder eine ungesunde

---

[1] Vgl. Bauer,J.F., 2019, S.7
[2] Vgl. Day,L / Macaskill,A. / Maltby, J: 2011, S.851
[3] Vgl. www.aerzteblatt.de; Dr. Denollet; Antwerpen, 1996
[4] Vgl. Day,L / Macaskill,A. / Maltby, J: 2011, S. 852

Ernährung beibehalten. Diese Verhaltensweisen haben einen entsprechenden Einfluss auf die Gesundheit und können das Erkrankungsrisiko erhöhen.[5] Essstörungen zum Beispiel haben in der Regel vielfältige Ursachen - Persönlichkeitsmerkmale gehören auch dazu. Kanadische Wissenschaftler der University of New Brunswick gehen bei Bulimie davon aus, dass Neurotizismus ein besonders einflussreiches Charaktermerkmal ist. Impulsivität ist eine der Facetten des Neurotizismus. Bulimiker haben also die mangelnde Fähigkeit, Impulse zu kontrollieren und Selbstdisziplin zu zeigen. Deswegen können sie den starken Drang zu Essen oder zu Trinken nicht einfach unterdrücken oder einschränken. Ein hohes Maß an Selbstdisziplin, Perfektionismus und Impulskontrolle erfordert dagegen Anorexie. Gründlichkeit, Genauigkeit Impulskontrolle sind alles Eigenschaften, die Anorektikern helfen, ihr Essverhalten und ihr Körpergewicht streng zu kontrollieren.[6]

Abschließend ist festzuhalten, dass die verschiedenen Zusammenhänge zwischen Persönlichkeit und Gesundheit sich nicht gegenseitig ausschließen, sondern vielmehr im Kontext zueinanderstehen. Es wird angenommen, dass die Ansätze je nach Person, Situation und Merkmal zusammenwirken.[7] Die verschiedenen Interpretationsmöglichkeiten einer Beziehung zwischen Persönlichkeitseigenschaft und Gesundheitsmaß stellt die Kernbotschaft der verschiedenen Ansätze dar.[8]

Persönlichkeitsmerkmale, welche einen Einfluss auf die Gesundheit einer Person haben, können sich einerseits förderlich und andererseits aber auch gefährdend auf die Gesundheit auswirken. Die gesundheitsrelevanten Eigenschaften lassen sich in zwei Hauptbereiche einordnen. Der erste Bereich umfasst kognitive Merkmale wie Überzeugungen und Erwartungen, der Zweite umfasst affektive Merkmale, also die Regulation von Emotionen und primär das Erleben von Situationen.[9]

Gesundheitsrelevante kognitive Merkmale sind:

- **Pessimismus:** Allgemein negative Ergebnis- und Zukunftserwartung, unabhängig der eigenen Anstrengung auf die Situation. Negative Ereignisse werden externalen, instabilen und spezifischen Ursachen zugeschrieben.[10]

- **Optimismus:** siehe unten

[5] Vgl. Day,L / Macaskill,A. / Maltby, J: 2011, S.820
[6] Vgl. www.aerzteblatt.de / Dr.phil. Sonnenmoser,M, PP9, Ausgabe Juni 2010, Seite 272
[7] Vgl. Dr. Becker, B., 2014, S.25 -26
[8] Vgl. Day,L / Macaskill,A. / Maltby, J: 2011, S.853 - 854
[9] Vgl. Vollmann & Weber, 2011, S. 397
[10] Vgl. Hoyer & Yorck Herzberg, 2009, S. 68

- **Kontrollüberzeugung, internale:** Personen glauben, dass gewünschte Verhaltenskonsequenzen durch ihre eigene Leistung ohne wirkliches Bemühen herbeiführen können. / **Externale:** Personen glauben, dass gewünschte Verhaltenskonsequenzen mit ihnen selbst nichts zu tun haben, sondern nur abhängig sind von außerhalb ihrer Person liegenden Gegebenheiten.[11]

- **Selbstwirksamkeitserwartung:** Wird auch als Kompetenzerwartung bezeichnet. Gibt an, ob eine Person so viel Vertrauen und Überzeugung in sich selbst hat, um schwierige Aufgaben mit den eigenen zur Verfügung stehenden Mitteln und Kompetenzen zu bewältigen.[12]

- **Kohärenzsinn (sence of coherence, SOC):** siehe unten

- **Feindseligkeit (Misstrauen):** Grundeinstellung einer Person anderen gegenüber misstrauisch zu sein, immer mit der Annahme, dass andere Personen negative oder bösartige Absichten haben.[13]

Gesundheitsrelevante affektive Merkmale:

- **Emotionsregulation:** Durch kognitive Umstrukturierung z.b. Humor, Distanzierung kann eine Stresssituation so aufgefasst werden, dass sich erst gar keine negativen Emotionen bilden. Dieses Verhalten gilt im Allgemeinen als positiv. Die bewusste Unterdrückung von erlebten Stress-Emotionen wird langfristig gesehen mit negativen Folgen für die Gesundheit verbunden.[14]

- **Feindseligkeit (Ärger):** Einstellung einer Person, gegenüber anderen feindselig zu reagieren, die in einer erhöhten Ärgerneigung, einem offenen Ärgerausdruck und einer unzureichenden Regulation des Ärgers zum Ausdruck kommt.[15]

- **Neurotizismus / Negative Affektivität:** Merkmal einer Person, welche zu negativen Emotionen, darunter Ängstlichkeit, Niedergeschlagenheit, geringes Selbstwertgefühl, Schuldgefühle und erhöhte Stressreagibilität neigt.[16]

- **Positive Affektivität:** Merkmal einer Person, welche überwiegend zu positiven Emotionen neigt und sich in überwiegend positiver Stimmung befindet; korreliert mit Extraversion.[17]

---

[11] Vgl. Weber & Salewski, 2009, S. 74
[12] Vgl. Schwarzer & Jerusalem, 2002 zit. nach Bauer, J.F., 2019, S.60
[13] Vgl. Gross, 1998 zit. nach Weber & Vollmann, 2005, S. 528
[14] Vgl. Weber & Vollmann, 2005, S. 530
[15] Vgl. Weber & Vollmann, 2005, S. 530
[16] Vgl. Weber & Vollmann, 2005, S. 529
[17] Vgl. Eschenbach, 2009, S.86

- **Typ-A-Verhaltensmuster:** Diese Personen haben einen stark ausgeprägten Ehrgeiz, damit auch verbundenes Wettbewerbsstreben. Sie neigen zu Ärger, Aggressivität und Feindseligkeit, sowie Ungeduld und Rastlosigkeit.[18]

- **Typ-B-Verhaltensmuster:** Diese Personen gelten als entspannt und ruhig, ohne Wettbewerbsstreben und sind weder leistungs- noch machtorientiert.[19]

- **Typ-C-Verhaltensmuster:** Diese Personen kann man als freundlich und sozial angenehm beschreiben. Sie vermeiden Konflikte und verleugnen Gefahren. Dieser Typ wird dazu veranlasst negative Emotionen zu unterdrücken, da sie stetig nach sozial erwünschtem Verhalten streben.[20]

- **Typ-D-Verhaltensmuster:** Diese Personen neigen dauerhaft und auch situationsunabhängig zu einer erhöhten negativen Affektivität (D=distressed). Sie wirken reizbar, sorgenvoll, trübselig und auch sozial gehemmt. Um im sozialen Umfeld nicht abgelehnt zu werden, wird der Emotionsausdruck unterdrückt.[21]

Im Folgenden werden die beiden kognitiven gesundheitsrelevanten Persönlichkeits-merkmale **Optimismus** und **Kohärenzsinn** näher erläutert:

Als generalisierte positive Erwartung in Aussicht auf zukünftige Ergebnisse definierten Schleier und Carver den dispositionalen **Optimismus**. Optimisten glauben, dass auch in schwierigen Situationen oder Gelegenheiten sich alles noch zum Guten entwickeln wird. In einer Reihe von Studien konnte man bei der Konfrontation mit belastenden Ergebnissen hinsichtlich einer optimistischen Grundhaltung und dem subjektiven Wohlbefinden einen positiven Zusammenhang erkennen.[22]

Segerstrom und Miller schreiben, dass eine optimistische Haltung nicht immer günstig für die Gesundheit sein kann. In einer Studie sollten Probanden schwierige oder auch gar unlösbare Rätsel bearbeiten. Die Optimisten waren auf ein gutes Ergebnis bedacht und bearbeiteten die Rätsel länger, was einer erhöhten Anstrengung eben auch zu einer verstärkten körperlichen Stressreaktion führte als bei der Gegengruppe.[23]

Studien, welche von Scheier durchgeführt wurden, zeigen deutliche Unterschiede beim Genesungsverlauf und ihrem Gesundheitsverhalten nach einer Bypass-Operation zwischen Optimisten und Pessimisten. In zwei durchgeführten Studien mit je insgesamt 360 Probanden, welche

[18] Vgl. Faltermeier, 2005, S.113
[19] Vgl. Friedman & Rosenman, 1959, zit. nach Day,L / Macaskill,A. / Maltby, J: 2011, S.856
[20] Vgl. Weber & Vollmann, 2005, S. 530
[21] Vgl. Day,L / Macaskill,A. / Maltby, J: 2011, S.861
[22] Vgl. Vgl. Weber, H. & Vollmann, M., 2005, S.527
[23] Vgl. Segerstrom & Miller, 2004 zit. nach Astrid, S & Lasse, H., 2007, S. 55

eine Bypass-Operation hatten, zeigte sich das Optimisten schon vor der Operation sich konkrete Ziele für den Genesungsverlauf setzten. Die Pessimisten-Gruppe achtete in diesem Zeitpunkt eher auf ihre jetzigen Gefühle. Ebenso zeigte sich in den Studien, dass die Optimisten früher begannen sich nach der Operation wieder körperlich zu bewegen und auch weniger häufig stationär nachbehandelt werden mussten als die Pessimisten der Studie.[24]

Peterson und Seligman erstellten 2003 eine Liste, deren Inhalt sechs Charakterstärken samt deren Untereigenschaften zusammenfasst und als die Eigenschaften identifiziert, die mit einem glücklichen Leben verbunden sind (siehe dazu Tabelle *1*: Stärken und Untereigenschaften für ein glückliches Leben nach Peterson und Bossio). Diese Charakterstärken/Grundtugenden, entdeckten die Wissenschaftler in jeder Gesellschaft der Welt. Die beiden erlangten damit und mit weiteren Untersuchungen auf dem Feld der Positiven Psychologie eine Pionierfunktion.[25]

Stärke:	Untereigenschaft:
Weisheit und Wissen	Kreativität, Offenheit für Erfahrungen, Urteilsvermögen und Aufgeschlossenheit, Wissensdurst
Menschlichkeit	Freundlichkeit, Bindungsfähigkeit, Güte und soziale emotionale Intelligenz
Mut	Tapferkeit, Authentizität, Ausdauer, Begeisterung
Gerechtigkeit	Teamarbeit, Fairness und Führungsqualitäten
Mäßigung	Vergebung und Gnade, Bescheidenheit, Demut, Selbstkontrolle, bedachtes Handeln
Transzendenz	Dankbarkeit, Hoffnung, Humor, Religiosität und Spiritualität, Sinn für das Schöne

Tabelle 1: Stärken und Untereigenschaften für ein glückliches Leben nach Peterson und Bossio

Optimismus kann im Rahmen eines betrieblichen Gesundheitsmanagements durch die Positive Psychologie in Form des positiven-Leadership-Ansatzes angewendet werden. Verschiedene Methoden und Instrumente wurden entwickelt und in der Unternehmenspraxis implementiert. Grid, Stärkenorientierung, Flow sind nur ein paar davon. [26] Bei diesen Methoden geht es vor allem darum die Stärken der Mitarbeiter zu erkennen und diese dann auch entsprechend fördern zu können.[27] Für Vorgesetzte heißt dies, sie sollen nicht darauf fokussiert sein, die Schwächen ihrer Mitarbeiter aufzudecken, sondern ihre Talente und Stärken in den Mittelpunkt zu stellen.[28]

Mit seinem Konstrukt der Salutogenese galt Aaron Antonovsky in den Gesundheitswissenschaften als Vorreiter, denn sein Modell löst sich ab von dem Gedanken man ist entweder gesund oder krank. Er geht eher von einem multidimensionalen Gesundheits-Krankheits-

---

[24] Vgl. Scheier et al, 1999 zit. nach Renner, B. & Weber, H., 2005, S. 449
[25] Vgl. Seligman, M. & Peterson, C., 2003, zit. nach Day,L / Macaskill,A. / Maltby, J: 2011, S.874
[26] Vgl. Seliger, R., 2014, S.40
[27] Vgl. Creusen, U. & Müller-Seitz, G., 2010, S. 41
[28] Vgl. Creusen, U. & Eschemann, N., 2008, S. 48

Kontinuum aus, in der sich jeder Mensch irgendwo auf der Skala zwischen vollkommen gesund und vollkommen krank befindet.[29] Er beschreibt das Leben wie einen Fluss, in dem es einige ruhige Stellen gibt, aber auch Stromschnellen und Untiefen. Ein pathogenisch orientierter Arzt wäre ein Rettungsschwimmer, der den Patienten sofort aus dem Wasser ziehen würde, wenn es schwierig werden sollte. Ein salutogenetisch orientierter Arzt wäre eher ein Schwimmlehrer, der versuchen würde, dem schwimmenden Menschen zu einem guten Schwimmer auszubilden. In dem Fluss überhaupt schwimmen zu können, ist für Antonovsky das **Kohärenzgefühl**.[30] SOC setzt sich aus drei Bausteinen zusammen: Verstehbarkeit, Handhabbarkeit und Sinnhaftigkeit. Wenn man in allen Bereichen ein stark ausgeprägtes SOC hat, wirkt sich dies positiv auf Menschen aus und lässt die Menschen belastende Erlebnisse verarbeiten. Ein ausgeprägter SOC führt zu einer höheren Stressresistenz und einer besseren Stressbewältigung.[31]

Verstehbarkeit: Menschen bekommen z.B.: für Ereignisse/Situationen eine Begründung, warum etwas so passiert ist oder Vertrauen auf eine gewisse Vorhersehbarkeit.

Handhabbarkeit: wenn in bestimmten Situationen oder Ereignissen eine entsprechende Ressource zur Verfügung steht und diese zum Bewältigen der Situation beitragen kann, diese dann von den Menschen als zu bewältigende Herausforderung angesehen wird.

Sinnhaftigkeit: wenn für Menschen in ihrem Tun ein Sinn erkennbar ist oder sie auch darauf vertrauen können, dass ihre Anstrengungen nicht ohne Bedeutung ist.[32]

Im Rahmen eines betrieblichen Gesundheitsmanagements kann der SOC von MA im Rahmen der Führung und des Arbeitseinsatzes positiv beeinflusst werden. Die Ausübung seiner Tätigkeiten sollte von dem MA als sinnvoll und zu bewältigend erachtet werden, das heißt der MA sollte sich weder unter- noch überfordert fühlen. Um der Unterforderung entgegenzuwirken, kann man Job-Rotations-Konzept anbieten. Beim Job-Rotations-Konzeptes wird die Entwicklung des MAs gefördert und durch die Abwechslung wird Unterforderung verhindert. Vorgesetzte können den SOC ihrer MA ebenfalls stärken, indem es regelmäßig und korrektem Feedback über die geleistete Arbeit gibt.[33]

---

[29] Vgl. Antonovsky, A., 1979, zit. nach Becker B., 2014, S.40
[30] Vgl. Strametz, 2017, S.98
[31] Vgl. Faltermaier, T., 2005, S. 164
[32] Vgl. Tagay et al., 2016 zit. nach Körper, H. & Körper, A., 2018, S.62
[33] Vgl. Troger, 2016, S.126

2. Aufgabe B2

Das Konzept der Selbstwirksamkeitserwartung entspringt Albert Banduras (geb. 1925) sozial-kognitiver Lerntheorie. Dabei geht es um das Vertrauen in die eigenen Fähigkeiten, schwierige Situationen auch dann überstehen zu können, auch wenn man dabei auf Probleme und Hindernisse bei der Umsetzung stößt.[34] Hohmann und Schwarzer sehen dies wie Bandura: Selbstwirksamkeit ist das Vertrauen in die eigene Kompetenz, schwierige Handlungen nicht nur zu beginnen, sondern auch zu Ende bringen zu können, indem man auftretende Hindernisse durch Hartnäckigkeit und Zielverfolgungsstrategien überwindet.[35]

Wie stark die eigene persönliche Selbstwirksamkeitserwartung ist, ist entscheidend dafür, welche Situationen Menschen für sich aufsuchen. Wenn Personen glauben, die Situation können sie mit ihren Ressourcen selbst nicht bewältigen, dann werden Sie diese vermeiden. Sie werden eher Situationen aktiv aufsuchen, in denen sie vermuten erfolgreich hervor gehen zu können. Selbstwirksamkeitserwartungen haben außerdem Einfluss darauf, wie Personen auf verschiedene Situationen mit unterschiedlichem Verhalten reagieren, bzw. auch wie ausdauernd sie sich gegen Widerstände und negative Erfahrungen wehren. Personen mit einer niedrigen Selbstwirksamkeit hingegen machen sich für ihr Scheitern oft selbst verantwortlich, was im schlimmsten Fall bei sich wiederholendem Scheitern zu einem Teufelskreis führen kann. Die Person scheitert nur, weil sie von Anfang an nicht glaubte, es meistern zu können. Dieses Phänomen kennt man auch als die sich selbst erfüllende Prophezeiung.[36]

Nach Bandura lassen sich Personen auf drei Dimensionen der Selbstwirksamkeit unterscheiden[37]: Schwierigkeitsgrad der Situation, Stärke der Selbstwirksamkeitserwartung, Ausmaß der Verallgemeinerung der Selbstwirksamkeitserwartung

Albert Bandura unterscheidet vier Informationsquellen auf Basis derer Personen Rückschlüsse über ihre Selbstwirksamkeit ziehen können, diese sind in absteigender Reihenfolge ihrer Wirksamkeit.[38]

1. Erfahrungen:

Die eigene erfolgreiche Ausführung eines Verhaltens assoziiert Bandura am stärksten mit einer Stärkung der Selbstwirksamkeit. Misserfolge schwächen demgegenüber aber auch leichter. Umso höher jedoch das Ausgangsniveau der Selbstwirksamkeitserwartung ist, umso weniger

---

[34] Vgl. Jerusalem, M., Schwarzer, R., 2002, S. 35
[35] Vgl. Hohmann, C. & Schwarzer, R., 2009, S. 61
[36] Vgl. Bauer, J.F., 2019, S.62
[37] Vgl. Salewski, C., Renner, B.: 2009, S.166
[38] Vgl. Bandura 1977, 1997 und Schwarzer & Jerusalem, 2002, zit. Nach Bauer, J.F., 2019, S.63

lässt sich die Person von einem Misserfolg auch schwächen, eine hohe Selbstwirksamkeit dient als Puffer. Wenn das Ausgangsniveau jedoch niedrig ist kommt es im Handlungsprozess relativ früh zu Misserfolgen. Wenn zum Beispiel bereits Erfolge erzielt wurden, kann sich bei der späteren Überwindung von gelegentlichen Misserfolgen dies auch besonders positiv auf die Selbstwirksamkeit auswirken. Die Ausdauer bei Problemsituationen durchzuhalten, wird dadurch ebenso gestärkt. Die Effekte, welche sich aus Misserfolgen ergeben, hängen also auch vom Timing ab und auch davon, wie das Gesamterfahrungsmuster ist.

2. Lernen am Modell/ Beobachtungslernen

Personen können auch ein Verhalten erwerben, auch wenn sie es nicht selbst ausführen, sondern lediglich, wenn sie Dritte bei der Durchführung der Handlung beobachten. Wenn die Person, die die Handlung ausführt, hinsichtlich relevanter Aspekte ähnlich ist, zum Beispiel den gleichen Beruf oder sozialen Status hat, wie die Person, die zuschaut, so glaubt diese Person, dass sie es auch selbst ausführen kann. Wenn das Modell Probleme hat, bei der Durchführung der Handlung und diese durch Anstrengung und/oder Ausdauer überwinden kann, ist mit Effekten auf die Selbstwirksamkeitserwartung zu rechnen. Das die Handlung ein eindeutiges und positives Ergebnis hat, die als Erfolg interpretiert werden kann ist ebenso wichtig. Es ist ebenso sinnvoll, wenn viele verschiedene Modelle/ Personen bei der Durchführung der Handlung in unterschiedlichen Rahmenbedingungen beobachtet werden können. So kann die beobachtende Person, den Erfolg weder der Rahmenbedingungen oder den spezifischen Eigenschaften des Modells zuschreiben, wodurch für die beobachtende Person ebenfalls die Erwartung steigt, dass sie die Aufgabe auch selbst durchführen kann.

3. Sprachliche Überzeugungen

Schwächere Effekte haben Überredungen durch Dritte oder durch einen Selbst wie „Du kannst das", „du bekommst das schon hin". Solche Überredungen wirken nur kurzzeitig Ihr Erfolg wird durch Misserfolge aber auch wieder reduziert, insbesondere wenn die Person an der gleichen Aufgabe vorher schon mal gescheitert ist. Autorität und Glaubwürdigkeit der überredenden Person sowie die Realitätsnähe der Überzeugungsversuche sind wichtig für die Wirksamkeit von sprachlichen Überzeugungen. Wird eine Person für eine zu leichte Aufgabe von ihrem Vorgesetzten gelobt, in der Hoffnung, dass dadurch die Selbstwirksamkeitserwartung auch steigt, kann dies allerdings einen paradoxen Effekt habe. Die Person wird annehmen, dass man ihr so wenig zutraue, dass man überrascht ist, wenn sie schon minimale Anforderungen bewältigen kann. Es passiert das genau Gegenteil, von dem was man eigentlich beabsichtigt hatte.

4. Eigene Körpersignale

Die schwächste Informationsquelle ist die emotionale und physiologische Erregung einer Person in anstrengenden und stressreichen Situationen. Die Person zieht teilweise Schlüsse auf Basis dieser Erregung über ihre Emotion, ihre Verletzbarkeit oder ihre Bewältigungskompetenz in der jeweiligen Situation. Wie eine körperliche Erregung von der Person selbst interpretiert wird, hängt auch stark von den situativen Rahmenbedingen ab. In einer bedrohlichen Situation wird physiologische Erregung zum Beispiel als Angst interpretiert. Würde man die körperliche Erregung vor einer Prüfung positiv bewerten, wären das Tatendrang und Freude angesichts der bevorstehenden Aufgabe. Empfindet die Person, die körperliche Erregung allerdings negativ, dann ist es verbunden mit Nervosität und Angst vor dem Scheitern. Personen, welche eine starke Neigung zu negativen Interpretationsmustern haben, können sich über angstauslösende Gedanken bezüglich ihrer eigenen Unfähigkeit in drohenden stressreichen Situationen in eine noch größere Angst hinein steigern.

Wie Bandura in den einzelnen Informationsquellen andeutet, wirken sich diese nicht direkt auf die Selbstwirksamkeitserwartung aus. Es ist eher so, dass es entscheidend ist, wie die Ergebnisse oder Informationen aus den vier Quellen durch die Person selbst verarbeitet und auch bewertet wird. Laut Bandura spielen bei der Bewertung und Verarbeitung so genannte persönliche Attributionsstile und die situativen Rahmenbedingen, bzw. die Interaktion der beiden eine Rolle. Das Personen bestimmte Ursachenbeschreibungen für sich selbst präferieren, wird Attributionsstil bezeichnet. Eine bekannte Auffassung des Konzeptes der Attribution stammt von Seligmann und seinen Kollegen und ist Teil der reformierten Theorie der erlernten Hilflosigkeit, die im Konzept der Depressionsforschung entstanden ist. Laut deren Auffassung können Attributionen in drei verschiedene Dimensionen unterteilt werden: Dauerhaftigkeit (Pole: dauert und zeitweilig), Geltungsbereich (Pole: global und spezifisch), sowie Personalisierung (Pole: internal und external). Rahmenbedingungen haben auch einen Einfluss, sie bestimmen mit ob Selbstwirksamkeitserwartungen Konsequenzen für Verhalten, Emotion oder Leistung etc. haben. Die Selbstwirksamkeitserwartung ist zwar nicht abhängig von den tatsächlichen Fähigkeiten einer Person, allerdings wird sie bei fehlenden Kompetenzen dennoch nicht zum Erfolg führen. Das ist ebenso der Fall, wenn die Selbstwirksamkeitserwartung sich auf eine Fähigkeit bezieht, die für die Handlungsbewältigung irrelevant ist. Genauso werden Selbstwirksamkeitserwartungen auch dann nicht handlungsrelevant, wenn es gar kein Ziel gibt um die jeweilige Fähigkeit oder Kompetenz einzusetzen. [39]

---

[39] Vgl. Schwarzer, R. & Jerusalem, M., 2002, zit. nach Bauer, J.F., 2019, S.67

Rahmenbedingungen und Attributionsstile arbeiten stark zusammen. Personen, welche eine stark ausgeprägte Präferenz bei der Ursachenzuschreibung haben, werden die situativen Rahmenbedingungen auch auf ihre Art und Weise interpretieren, die ihre Attributionsstile bestätigt. Eine Person mit anderen Attributionsstilen würde die Rahmenbedingungen entsprechend anders interpretieren. Es kann sein, dass ein Misserfolg bei einer Handlung nur wenig Einfluss auf eine stark gefestigte Kompetenzüberzeugung hat, wenn die Rahmenbedingungen auch eine andere Interpretation als den persönlichen Fehler erlauben. [40]

Beim Erstellen einer Bachelor-Thesis kann auch die Selbstwirksamkeit einer Person eine Rolle spielen. Die Selbstwirksamkeit unterstützt Menschen dabei, ihre Motivation aufrecht zu halten und bereits begonnene Handlungen auch zu Ende zu bringen, selbst wenn sie dabei auf Schwierigkeiten, Durststrecken oder Hindernisse stoßen. Es wurde außerdem festgestellt, dass Menschen mit einer hohen Selbstwirksamkeit sich realistischere, spezifischere und erreichbarere Ziele setzen als Menschen mit einer niedrigen Selbstwirksamkeit.[41] Daher kann auch davon ausgegangen werden, dass Studenten, welche eine hohe Selbstwirksamkeit haben sich einer realistischeren wissenschaftlichen Fragestellung in ihrer Bachelor-Thesis zuwenden. Dies sollte bei konsequenter und guter Arbeit letztendlich auch zu einem besseren wissenschaftlichen Ergebnis führen.

Eine Bachelor-Thesis ist eine umfangreiche, wissenschaftliche Arbeit[42], weswegen es auch beim Verfassen zu zahlreichen Schwierigkeiten kommen kann. Gerade das Zusammentragen, Filtern und Bewerten von Wissen und Wissensquellen stellt keine allzu leichte Herausforderung dar. Da es meistens erst eine Weile dauert, bis die ersten verwertbaren Sätze entstehen, brauchen die Studenten ein großes Durchhaltevermögen, was das Schreiben der Bachelor-Thesis angeht. Es ist also auch von Anfang an wichtig, dass die Motivation und die Zielsetzung klar definiert sind. Studenten könnten auch durch die Ablenkung auf einen weiteren Widerstand beim Erstellen der Bachelor-Thesis stoßen. Ablenkung ist eine Verhaltensweise, die nichts mit der Zielerreichung zu tun hat, zum Beispiel eine tolle Serie im Fernsehen, das Treffen mit Freunden oder gar die Küche Aufräumen. Im Allgemeinen versteht man unter Ablenkung, Situationen, die viel wichtiger und spannender erscheinen in dem Moment, als das Erstellen der Bachelor-Thesis. Selbstwirksamkeit kann dabei helfen, sich durch solche Ablenkungen nicht von der eigentlichen Aufgabe - dem Erstellen der Bachelor-Thesis - ablenken lassen. Dies heißt natürlich nicht, dass Studierende während der Schreibphase nichts anderes tun sollen, als ihre

---

[40] Vgl. Schwarzer, R. & Jerusalem, M., 2002, zit. nach Bauer, J.F., 2019, S.67
[41] Vgl. Bandura, 1977, zit nach, Bauer, J.F., 2019, S.67
[42] Vgl. Merk, J., Schüppel, R., Wassmann, H., 2016, S.106

Bachelor-Thesis zu verfassen. Durch ein effektives Zeitmanagement oder auch eine Meilensteinsetzung können Studenten in der Lage sein, selbst zu entscheiden, wann eine Ablenkung erlaubt ist oder nicht, damit eben auch während des Verfassens der Arbeit auch noch Freizeit für die Familie, Freunde und Hobbys bleibt.[43]

Um die Frage zu beantworten zu können, inwiefern man die Selbstwirksamkeit in Bezug auf das Schreiben einer erfolgreichen Bachelorthesis verbessern kann, sollten die Quellen der Selbstwirksamkeit nach Bandura wieder angeschaut werden:

1. Erfahrungen

Bandura nennt die Quelle der eigenen Erfahrungen, als die am stärksten mit einer Stärkung der Selbstwirksamkeit verbunden, deswegen kann man sich beispielsweise seine im Laufe des Studiums verfassten Arbeiten, wie Hausarbeiten, Einsendeaufgaben noch einmal ansehen und durchgehen. Sollten diese Arbeiten gut bewertet worden sein, sollte man sich erinnern, welches Verhalten zu dieser guten Bewertung geführt haben könnte. Dabei spielt die internale Attribuierung eine wichtige Rolle. Wenn der Erfolg der Hausarbeiten und Einsendeaufgaben auf das eigene Verhalten zurückzuführen ist, dann kann dieses Verhalten auch für das Schreiben der Bachelor-Thesis angewendet werden.

2. Lernen am Modell / Beobachtungslernen

Ein offener Dialog mit Kommilitonen kann helfen, wenn das Verfassen der Bachelor-Thesis näher rückt. Vielleicht kennt man jemanden, der auch gerade am Schreiben der Arbeit ist oder kürzlich sogar schon erfolgreich verfasst hat. Man kann sich von ihnen Tipps geben lassen, hinsichtlich der Literaturrecherchen, der Arbeitsweisen, Zeiteinteilungen, der Methodik und des Vorgehens. Allerdings ist zu bedenken, dass die zielführende Verhaltensweise eines Kommilitonen nicht unbedingt auch zu einem zielführenden Ergebnis von einem selbst führen könnte, da die Kommilitonen in ihrer Arbeitsweise vielleicht doch zu verschieden sind. Daher ist es ein Vorteil, wenn man Personen beobachtet bzw. um Tipps fragt, die einem selbst möglichst ähnlich ist.

3. Sprachliche Überzeugungen

Es kann durchaus helfen, im eigenen Umfeld über die Aufgabe des Verfassens der Bachelor-Thesis zu sprechen. Das könnten nicht nur Kommilitonen sein, von denen man sich gegenseitig

---

[43] Vgl. Koeder, 1998, S.73 – 74, zit. nach. Knoke, M. 2016, S.19

Durchhaltevermögen wünscht, sondern auch Freunde, Familie oder Bekannte. Natürlich sollten es Menschen sein, denen man vertraut und zu denen man ein gutes Verhältnis hat, denn nur von solchen Menschen wird der Zuspruch und die Bewunderung auch ernst genommen. Es geht dabei auch nicht darum, ob die Person etwas fachlich zur Bachelor-Thesis beitragen kann, sondern vielmehr das Gefühl, dass es da auch andere Personen gibt, die an den eigenen Erfolg glauben und einem ein positives Gefühl geben können hinsichtlich der bevorstehenden Aufgabe.

4. Eigenen Körpersignale

Da es hier um persönliche Interpretationstendenzen geht, ist es schwierig einen verallgemeinerten Tipp zu geben. Menschen unterscheiden sich in ihrer Tendenz, physiologische Erregung auf persönliche Unzulänglichkeit zurückzuführen. Nehmen wir die körperliche Erregung vor einer Prüfung: Die Studenten, welche diese Erregung als positiv bewerten, würden sich durch den dadurch entstehenden Tatendrang vermutlich sogar auf die bevorstehende Prüfung freuen. Empfindet ein/e Student/in, die körperliche Erregung allerdings als negativ, dann ist dies verbunden mit Nervosität und Angst vor dem Scheitern. Studenten, welche eine starke Neigung zu negativen Interpretationsmustern haben, können sich über angstauslösende Gedanken bezüglich des Scheiterns oder ihrer eigenen Unfähigkeit in eine noch größere Angst hinein steigern. Ein Weg, diese negativen und angsterfüllten Gefühle wieder unter Kontrolle zu bringen, ist die Vermittlung von Bewältigungsstrategien [44]

---

[44] Vgl. Bandura 1977, 1997 und Schwarzer & Jerusalem, 2002, zit. Nach Bauer, J.F., 2019, S.65

3. Aufgabe B3

Das Wort Stress leitet sich etymologisch von dem lateinischen Wort >stringere< ab, was in etwa so viel bedeutet wie > in Spannung versetzen<. Der amerikanische Physiologe Walter Cannon verfasste in den 20er Jahren die erste wissenschaftliche Beschreibung, wie Tiere und Menschen auf Gefahr reagieren. Er fand heraus, dass sich in den Nerven und Drüsen eine Abfolge von Aktionen in Gang setzt, welche den Körper befähigen sollte, sich entweder zu verteidigen oder sich in Sicherheit bringen sollte. Er bezeichnete diese duale Stressaktion >flight or fight< (Kampf-oder-Flucht-Reaktion).[45]

Der kanadische Endokrinologe Hans Selye war der erste moderne Forscher, der untersuchte, welche Auswirkungen es auf den Köper hatte, wenn dieser andauernd mit schwerem Stress zu tun hat. In seinen Forschungen konnte Selye Wirkzusammenhänge zwischen verschiedensten Arten von Belastungen, wie Hitze, Kälte, bakterielle Infektionen, Gifte und den entsprechenden körperlichen und seelischen Veränderungen darlegen. Nach seiner Stresstheorie können viele Stressoren dieselbe Reaktion oder allgemeine körperliche Folgen hervorrufen. Die Reaktion des Körpers auf Stressoren wurde von Selye als das allgemeine Adaptionssyndrom beschrieben. Es umfasst drei Stufen: Alarmreaktion (steigende Hormonspiegel, erhöhte Anfälligkeit für Krankheit), Widerstand (hohe physiologische Erregung, Erhöhte Anfälligkeit für Stress), und Erschöpfung (Anstieg der Hormonspiegel, Erkrankung, oft Depression, Tod). Es zeigte sich, dass im Besonderen lang andauernde Belastungen ein großes Gesundheitsrisiko darstellen.[46]

Stress kann auch positiv empfunden werden. Dieser sogenannte Eustress setzt Energien frei und dient als Motivator für neue Herausforderungen, weswegen dies zu besseren Leistungen führen kann. Die andere Ausprägung ist die des negativ empfundenen Stresses, auch Distress genannt. Dieser begründet sich in mangelnder Bewältigungsmöglichkeit, aber auch in dauerhafter Überforderung.[47]

Es gibt viele reaktions- und reizorientierte wie auch kognitive Stressmodelle, welche alle versuchen zu erklären, wie Stress im Körper entsteht. Sie gehen dabei von einer Wechselwirkung zwischen der handelnden Person und den Anforderungen der Situation bei der Stressentstehung aus. Ein bedeutsames kognitives Stressmodell ist das transaktionale Stressmodell von Lazarus und Folkman aus dem Jahr 1984. Richard Lazarus beschreibt die Entstehung von Stress als ein Resultat von subjektiven Einschätzungen und vorausgehenden Bewertungsprozessen. Wenn

---

[45] Vgl. Gerrig, R., Zimbardo, P. 2008, S.469
[46] Vgl. Gerrig, R., Zimbardo, P. 2008, S.471
[47] Vgl. Struhs-Wehr, 2017, S. 32-33

wir mit stressigen Situationen umgehen, müssen wir erst einmal bewerten, auf welche Weise diese Situation wirklich Stress bedeutet.[48]

Lazarus unterscheidet zwei Stufen der kognitiven Bewertung: Die **primäre Bewertung** der Schwere einer Anforderung, beginnt meist mit Fragen wie: „Was passiert gerade?" oder „Das was hier passiert, ist das gut für mich oder nicht? Bedeutet es Stress oder betrifft es mich gar nicht?" Lautet die Antwort, dass die Anforderung Stress bedeutet, dann schätzt man die potenzielle Wirkung des Stressors ab. Also ist es schon zu einem Schaden gekommen, kommt es noch zu einem? Welches Verhalten ist notwendig? Sobald entschieden ist, dass gehandelt werden muss, beginnt die **sekundäre Bewertung**: Welche persönlichen und sozialen Ressourcen stehen im Umgang mit dem Stressor zur Verfügung? Ebenso zieht man die benötigten Verhaltensoptionen in Betracht. Auch wenn die Copingreaktionen (Erklärung siehe nächster Abschnitt) schon in Gange sind, werden die Bewertungen weiter durchgeführt: Denn führt die erste Reaktion nicht zu einem Erfolg, hält der Stress weiterhin an, dann müssen neue Reaktionen initiiert werden, und anschließend wird ihre Effektivität wieder bewertet.[49] Lazarus sagt, dass diese Einschätzung dazu beiträgt, ob eine Stresssituation in negativem Sinne als bedrohlich oder in Positivem als herausfordernd interpretiert wird.[50]

Da Stress zum Leben dazugehört, aber chronischer Stress unser Leben auch sehr beeinträchtigen, uns sogar töten kann, sollten wir auch wissen und lernen, wie man mit Stress umgehen kann. Der englische Begriff >Coping<, was so viel bedeutet wie, >zurechtkommen mit...<, bezieht sich auf den Prozess mit inneren und äußeren Anforderungen umzugehen, welche als einschränkend empfunden werden oder auch die eigenen Ressourcen übersteigen. Das Coping als Konzept kann behaviorale, emotionale und motivationale Reaktionen und Gedanken umfassen, welche dann Personen mit Stress helfen können, mit diesem umzugehen. Man unterscheidet zwischen zwei verschiedenen Bewältigungsformen, problemorientiertes Coping und emotionsorientiertes Coping[51]:

Die Methode des **problembezogenen Coping**s umfasst alle Strategien des direkten Umgangs mit dem Stressor, ob durch sichtbare Handlung oder durch realistische Aktivitäten der Problemlösung. Die Lage soll also unmittelbar verändert werden. Hier wird auch Cannon's Kampf-oder-Flucht-Reaktion angewendet. Uns kommt ein großer, kräftiger Mann abends in der

---

[48] Vgl. Gerrig, R., Zimbardo, P. 2008, S.478-479
[49] Vgl. Gerrig, R., Zimbardo, P., 2008, S. 479
[50] Vgl. Faltenmaier, T., 2005, S. 103
[51] Vgl. Gerrig, R., Zimbardo, P. 2008, S.478-480

Tiefgarage entgegen, entweder tritt man der Person entgegen oder man rennt davon. Oder man hat einen Bürojob, sitzt den ganzen Tag vor seinem Computer. Wegen des Bewegungsmangels und der sitzenden Tätigkeit bekommt man Rückenschmerzen, das problemorientierte Coping wäre dann, sich für einen Rücken-Fit-Kurs anzumelden und während der Mittagspause noch einen Spaziergang einzubauen.

Das **emotionsorientierte Coping** ist nützlich, wenn es darum geht, die Auswirkung von Stressoren zu bewältigen, welche unkontrollierbar sind. Wenn die eigene Mutter an Demenz erkrankt und man für die Person nun verantwortlich ist, kann man niemanden die Schuld dafür geben. Man muss stattdessen versuchen, mit den eigenen Gedanken und Gefühle umzugehen, in dem man z.b. eine Selbsthilfegruppe für Demenzkranke-Angehörige aufsucht oder Entspannungstechniken erlernt, die einem bei der täglichen Arbeit mit der demenzkranken Mutter weiterhelfen können. Oder es werden wichtige, belastende Entscheidungen nicht gefällt, sondern mit Ausreden wie „das kann ich morgen auch noch entscheiden", oder „das muss jetzt nicht entschieden werden" aufgeschoben. Das Problem selbst wird nicht gelöst, sondern nur verlagert zu einer anderen Zeit.

Zur erfolgreichen Bewältigung einer Stress- oder Belastungssituation sind die vorhandenen Bewältigungsressourcen einer Person von großer Bedeutung. Diese können nämlich ein angemessenes Coping-Verhalten unterstützten und würden auch das Risiko einer Krankheit vermindern. Zu diesen sozialen Ressourcen zählt auch die soziale Unterstützung. Damit sind die Ressourcen gemeint, welche andere Menschen bereitstellen, indem sie einem vermitteln, dass man geliebt, umsorgt und wertgeschätzt wird. Es gilt auch als belegt, dass die subjektiv wahrgenommene soziale Unterstützung schädliche Auswirkungen von belastenden Lebensereignissen abfedern kann. Eine vertrauensvolle Partnerbeziehung hat sich als bestes Maß von sozialer Unterstützung bewiesen.[52]

Über diese Formen der sozioemotionalen Ressource hinaus geben Menschen vielleicht auch materielle Unterstützung in Problemsituationen, zum Beispiel Geld oder einen Schlafplatz. Unter informationale Unterstützung versteht man ein persönliches Feedback oder auch einen gutgemeinten Rat, wie die Person weitermachen kann. Jeder, mit dem man eine wichtige soziale Beziehung unterhält, egal ob nun ein Familienmitglied, Freunde, Nachbarn oder Kollegen, kann in Zeiten der Not Teil des Netzwerks der sozialen Unterstützung sein. Forschungen zeigen, dass die soziale Unterstützung einen großen Einfluss bei der Milderung der Stressanfälligkeit hat. Wer ein Netzwerk an Menschen hat, an dass er sich wenden kann, zum Beispiel bei beruflichem

---

[52] Vgl. Cohen & Syme, 1985 zit. nach Gerrig, R., Zimbardo, P. 2008, S.483

Stress oder eine schwere Krankheit sowie seine Alltagsprobleme, kann diese besser bewältigen.[53]

Folgende Ressourcen kommen in den genannten Beispielen zum Einsatz:

- Einschüchternde Person in der Tiefgarage: Personelle Ressourcen, insbesondere da das Augenmerk bei problembezogenem Coping auf dem Problem selbst liegt. Hier ist es am besten einen Freund mitzunehmen, falls man diese Angst öfters bemerkt. In dieser bestimmten Situation könnte es schon reichen, als soziale Unterstützung, einen Freund einfach anrufen, der einem kurz zu hört und der einem mit seiner Stimme am Telefon beruhigen kann. Der Freund wird auch so lange am Telefon bleiben, bis man die stressvolle Situation verlassen hat. Ebenfalls möglich wäre die finanzielle Ressource, wenn jemand einen Selbstverteidigungskurs bezahlen würde, womit die Person sich selbst sicherer fühlen würde.

- Rückenschmerzen: Personelle Ressourcen, insbesondere die internale Kontrollüberzeugung sowie die Selbstwirksamkeit, da die Belastungssituation selbst aktiv mit dem Fitnessstudio oder beim Spaziergang in der Mittagspause aktiv beeinflusst werden kann. Soziale Unterstützung wäre ebenfalls denkbar, wenn ein Freund oder der Bruder mit einem zusammen ins Fitnessstudio gehen würden. Natürlich wäre auch die materielle Ressource möglich, in dem jemand anderes die Kosten für das Fitnessstudio übernehmen würde.

- Demenzkranke Mutter: Materielle Ressource und personelle Ressource wird hier benötigt. Die Demenzkranke Mutter braucht Betreuung und damit diese nicht nur auf den Schultern einer Person lastet, kann von anderen Familienmitgliedern Geld für eine Pflegekraft kommen, welche die Person für ein paar Stunden entlastet. Personelle Ressourcen könnten sein, dass die Familienmitglieder ebenfalls sich an der Pflege beteiligen und damit die Last der einzelnen Person abmindern.

- Aufschiebung von Entscheidungen: Personelle Ressourcen, aufgrund von eigenen Erfahrungen an solchen Belastungen kann ein Kollege oder ein Freund einen Rat geben, wie die aktuelle Stresssituation am besten gehandhabt werden kann.

---

[53] Vgl. Gerrig, R., Zimbardo, P. 2008, S.483

Literaturverzeichnis

Bauer, Jana Felicitas: Personale Gesundheitsressourcen in Studium und Arbeitsleben – Transaktionales Rahmenmodell und Anwendung auf das Lehramt, 2019

Becker, B., Studienbrief, Praxisfelder der Differentiellen und Persönlichkeitspsychologie, 2014,

Creusen, U. & Eschemann, N.: Zum Glück gibt's Erfolg: Wie Positive Leadership zu Höchstleistung führt, Orell Fuessli, 2008

Creusen, U. & Müller-Seitz,G.: Das Positive-Leadership-GRID: Eine Analyse aus Sicht des Positiven Managements, 2009

Day,L / Macaskill,A. / Maltby: Differentielle Psychologie, Persönlichkeit und Intelligenz. Einführung in die Persönlichkeitspsychologie (Pearson Studium - Psychologie), 2011

Eschenbach, H.: Positive und negative Affektivität. In J. Bengel & M. Jerusalem (Hrsg.), Handbuch der Gesundheitspsychologie und medizinischen Psychologie (Handbuch der Psychologie, Bd. 12, S. 86-91). Göttingen: Hogrefe, 2009

Faltermaier, T.: Gesundheitspsychologie (1. Aufl.). Stuttgart: Kohlhammer, 2005

Hohmann, C. & Schwarzer, R.; Selbstwirksamkeitserwartung. In J. Bengel & M. Jerusalem (Hrsg.), Handbuch der Gesundheitspsychologie und medizinischen Psychologie (Handbuch der Psychologie, Bd. 12, S. 61-67). Göttingen: Hogrefe, 2009

Hoyer, J. & Herzberg, P. Y.: Optimismus - Handbuch der Gesundheitspsychologie und Medizinischen Psychologie, 2009

Jerusalem, M. & Schwarzer, R. SWE Skala zur allgemeine Selbstwirksamkeitserwartung. In E. Brähler, J. Schumacher & B. Strauß (Hrsg.), Diagnostische Verfahren in der Psychotherapie. 2., unveränderte Aufl. (S.362–365). Göttingen: Hogrefe, 2013

Knoke, M., SRH Studienbrief „Wissenschaftliches Arbeiten und Schreiben", 4 Auflage, Oktober 2016

Körper, H. & Körper, A. : Polizist – Traumberuf oder Trauma - Sekundäre Traumatisierung, Salutogenese und betriebliche Gesundheitsförderung, Springer, 2018

Merk, J., Schüppel, R., Wassmann, H.,: „Wissenschaftliches Arbeiten und Schreiben" Studienbrief; 2016

Richard J Gerrig & Philip G. Zimbardo :Psychologie, 18. Aktualisierte Auflage, 2008

Renner, B. & Weber, H.: Handbuch der Persönlichkeitspsychologie und Differentiellen Psychologie / Hannelore Weber; (Hrsg.). Göttingen, Hogrefe, 2005

Salewski, C.; Renner, B. (Hg.) (2009). Differentielle und Persönlichkeitspsychologie. München: Reinhardt UTB basics.

Scheier, M. F., Carver, C. S., & Bridges, M. W.: Optimism, pessimism, and psychological wellbeing. In E. C. Chang, 2001

Schütz, A. & Hoge, Lasse: Positives Denken: Vorteile – Risiken – Alternativen, 2007

Seliger, R.: Positive Leadership: Die Revolution in der Führung (Systemisches Management), 2014

Strametz, R., Grundwissen Medizin: für Nichtmediziner in Studium und Praxis, Konstanz: UVK Verlagsgesellschaft mbH., 2017

Struhs-Wehr, K.: Betriebliches Gesundheitsmanagement und Führung. Gesundheitsorientierte Führung als Erfolgsfaktor im BGM. Wiesbaden: Springer, 2017

Troger, H.: 7 Erfolgsfaktoren für wirksames Personalmanagement. Antworten auf demografische Entwicklungen und andere Trends. Wiesbaden: 2016

Vollmann, M. & Weber, H.: Gesundheitspsychologie. In A. Schütz (Hrsg.), Psychologie. Eine Einführung in ihre Grundlagen und Anwendungsfelder (Einführungen und Allgemeine Psychologie, 4., vollst. überarb. und erw. Aufl., S. 394-410). Stuttgart: Kohlhammer, 2011

Weber, H. & Salewski, C.: Erwartungen und Überzeugungen. In J. Bengel & M. Jerusalem (Hrsg.), Handbuch der Gesundheitspsychologie und medizinischen Psychologie (Handbuch der Psychologie, Bd. 12, S. 74-79). Göttingen: Hogrefe., 2009

Weber, H. & Vollmann, M: Handbuch der Persönlichkeitspsychologie und Differentiellen Psychologie / Hannelore Weber... (Hrsg.) Göttingen: Hogrefe, 2005

Internetquellenverzeichnis

https://www.aerzteblatt.de/archiv/2042/Persoenlichkeitsstruktur-und-Prognose-bei-koronarer-Herzerkrankung Dr. Denollet; 1996

https://www.aerzteblatt.de/archiv/76899/Essstoerungen-und-Persoenlichkeit-Unterschaetzter-Einfluss-von-Persoenlichkeitsmerkmalen Dr.phil. Sonnenmoser,M, PP9, Ausgabe Juni 2010, Seite 272

https://kops.uni-konstanz.de

BEI GRIN MACHT SICH IHR WISSEN BEZAHLT

- Wir veröffentlichen Ihre Hausarbeit,
  Bachelor- und Masterarbeit

- Ihr eigenes eBook und Buch -
  weltweit in allen wichtigen Shops

- Verdienen Sie an jedem Verkauf

Jetzt bei www.GRIN.com hochladen und kostenlos publizieren